精进日志

每天进步一点点，运气总是偏爱坚持的人

张丽俊 · 著

民主与建设出版社
· 北京 ·

图书在版编目（CIP）数据

精进日志：每天进步一点点，运气总是偏爱坚持的人 / 张丽俊著. -- 北京：民主与建设出版社, 2023.2
ISBN 978-7-5139-4074-0

Ⅰ. ①精… Ⅱ. ①张… Ⅲ. ①管理学 Ⅳ. ①C93

中国国家版本馆CIP数据核字（2023）第000586号

精进日志：每天进步一点点，运气总是偏爱坚持的人
JINGJIN RIZHI
MEITIAN JINBU YIDIANDIAN YUNQI ZONGSHI PIAN AI JIANCHI DE REN

著　　者　张丽俊
责任编辑　程　旭
封面设计　VIOLET
出版发行　民主与建设出版社有限责任公司
电　　话　（010）59417747　59419778
社　　址　北京市海淀区西三环中路 10 号望海楼 E 座 7 层
邮　　编　100142
印　　刷　北京世纪恒宇印刷有限公司
版　　次　2023 年 2 月第 1 版
印　　次　2023 年 2 月第 1 次印刷
开　　本　700mm × 980mm　1/16
印　　张　18
字　　数　50 千字
书　　号　ISBN 978-7-5139-4074-0
定　　价　88.00 元

注：如有印、装质量问题，请与出版社联系。

"

一个人的工作是否
卓有成效
取决于你在重要的事情上
花了多少时间。

"

张丽俊

（Cherry）

创业酵母创始人、知名组织创新专家、《组织的力量》作者、2022 拉姆·查兰管理实践奖得主。

基于对数千家企业的长期研究，并对不同生命周期阶段企业的发展特性进行总结，张丽俊老师 2014 年创办创业酵母，并创建了以“人、财、务”为核心的“组织创新学科”，帮助企业建立精细化营运系统，提升管理认知，提高管理效能，8 年时间助力 200 余家国内外上市公司、5000 多家行业隐形冠军企业高质量增长。

值得一提的是，张丽俊老师带队研发了在线实战训练营“蹲马步管理工坊”，累计已有来自近 5200 家企业的 13 500 余位学员参加，学员遍布中国、美国、韩国、新加坡、德国、印度尼西亚、越南等十几个国家，课程作业提交总数超 25 万份，课程满意度超 95%。

在过去三年里，创业酵母坚定推动客户第一的产品战略，推动线上线下互补融合，创新企业文化与组织能力，从而实现公司的全面转型。公司的在线化转型实践案例，在中国年度商业案例评选中，经过 20 多名教授的两轮深度评选，得到高度认可，并被收录到《哈佛商业评论》中文商业案例库中，荣获 2022 拉姆·查兰管理实践奖。

张丽俊老师 2022 年出版的著作《组织的力量》一书，荣登机械工业出版社经管类书籍年度重磅推荐榜单，一年畅销超 10 万册。

关注张丽俊微信公众号和视频号

与 30 万管理者一起学习组织和管理

前言

每个人都要去问自己，你对于这世间的成就，是什么样的观念、什么样的态度。

你有什么样的观念，就会产生什么样的行为；有什么样的行为，就会形成什么样的习惯；有什么样的习惯，就会塑造什么样的性格；有什么样的性格，就会决定什么样的命运。

从观念到行为，从行为到习惯，从习惯到性格，从性格到命运。

我们终其一生，都是在管理好自己，与时间赛跑。如果你不做一个高效能人士，可能就离自己的目标和理想越来越远。

我每周五都会计划好下周要干的三件最重要的事，每天上班前都会想好当天要推进的最重要的三件事。这都是因为我有结构化思维，更是因为我有管理工具。

我的许多客户都喜欢用我这个工具，用完之后他们的工作效率得到了巨大的提高。因为这个工具倒逼所有的管理者或个人，自己每天深度思考。

管理者不思考，就没有明天。

但在现实中，管理者工作很忙，压力很大，这个工具会倒逼管理者或个人形成一个思考的习惯，每天干、每天总结，“行中修”（在行动中修行），更好地开展工作。今天我把这个工具介绍给你们。

做个“卓有成效”的管理者，从用好《精进日志》开始。

张丽俊（Cherry）

个人管理篇

Self-Management

"

运气
总是偏爱
坚持的人

年 Year　月 Month　日 Day　天气 Weather　心情 Mood

	1	2	3
要事优先 Important Matters 今日最重要三件事			
今日目标 Goals			
方法策略 Methods 除了做事方法 不要忘记人的策略			
时间安排 Timetable			
结果 Result 今日事，今日毕	□完成 □未完成	□完成 □未完成	□完成 □未完成
精进 Progress 每天进步一点点			
感悟 Inspiration			

激励普通人成就非凡事，这是领导力。

年 Year 月 Month 日 Day 天气 Weather 心情 Mood

人的运气，是从遇到贵人开始。

年 Year　月 Month　日 Day　天气 Weather　心情 Mood

	1	2	3
要事优先 Important Matters 今日最重要三件事			
今日目标 Goals			
方法策略 Methods 除了做事方法 不要忘记人的策略			
时间安排 Timetable			
结果 Result 今日事，今日毕	□完成 □未完成	□完成 □未完成	□完成 □未完成
精进 Progress 每天进步一点点 感悟 Inspiration			

自我管理是管理中最难的一课。

年 Year　月 Month　日 Day　天气 Weather　心情 Mood

人要自我超越，必须专注和精进。

年 Year	月 Month	日 Day	天气 Weather	心情 Mood

	1	2	3
要事优先 Important Matters 今日最重要三件事			
今日目标 Goals			
方法策略 Methods 除了做事方法 不要忘记人的策略			
时间安排 Timetable			
结果 Result 今日事，今日毕	□完成 □未完成	□完成 □未完成	□完成 □未完成
精进 Progress 每天进步一点点			
感悟 Inspiration			

所谓努力，就是今日事，今日毕。

年 月 日 天气 心情

Year Month Day Weather Mood

时间管理，是迈向职业下一个高度的必备技能。

何为精进？

简单的事情重复做，

每天进步一点点。

个人成功

=

热情

x

结构化思维

x

领导力

年 Year	月 Month	日 Day	天气 Weather	心情 Mood

	1	2	3
要事优先 Important Matters 今日最重要三件事			
今日目标 Goals			
方法策略 Methods 除了做事方法 不要忘记人的策略			
时间安排 Timetable			
结果 Result 今日事，今日毕	□完成 □未完成	□完成 □未完成	□完成 □未完成
精进 Progress 每天进步一点点			
感悟 Inspiration			

所有的管理者都是时间的囚徒。

年 Year　月 Month　日 Day　天气 Weather　心情 Mood

一个人的进步，
99%来自每日总结和复盘。

年 Year	月 Month	日 Day	天气 Weather	心情 Mood

	1	2	3
要事优先 Important Matters 今日最重要三件事			
今日目标 Goals			
方法策略 Methods 除了做事方法 不要忘记人的策略			
时间安排 Timetable			
结果 Result 今日事，今日毕	□完成 □未完成	□完成 □未完成	□完成 □未完成
精进 Progress 每天进步一点点			
感悟 Inspiration			

一个好的工作习惯，抵过无数低效的努力。

年 月 日 天气 心情
Year Month Day Weather Mood

今天最好的表现，是明天最低的要求，是卓越管理的表现。

个人的使命、愿景、价值观

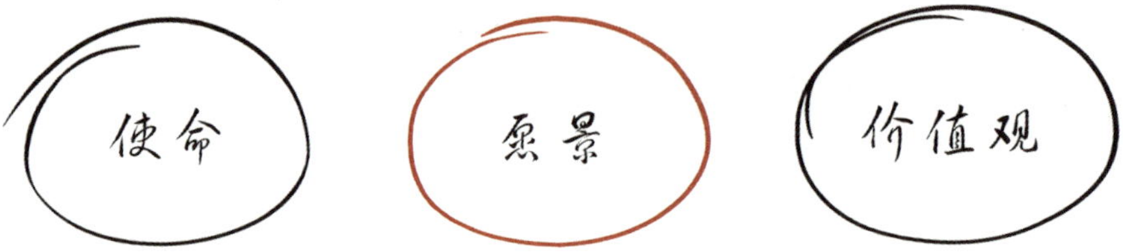

使命：

毕生追求的远大理想：我们为什么而存在？

是指引我们前进的方向，我们永远追逐但却无法真正抵达。

愿景：

阶段性可达成的目标：我们想成为一个什么样的人？

就像攀登一座高山，要有清晰的终点作为努力的目标。

价值观：

内心坚守的信念和原则

构成了我们行动的准则，做人和做事的标准。

请写出：

你个人的使命 ______________________________

你个人的愿景 ______________________________

你的价值观 ______________________________

"

使命

就是指引我们前进的方向

愿景

就是我们有清晰目标要攀登的高山

年	月	日	天气	心情
Year	Month	Day	Weather	Mood

	1	2	3
要事优先 Important Matters 今日最重要三件事			
今日目标 Goals			
方法策略 Methods 除了做事方法 不要忘记人的策略			
时间安排 Timetable			
结果 Result 今日事，今日毕	□完成 □未完成	□完成 □未完成	□完成 □未完成
精进 Progress 每天进步一点点			
感悟 Inspiration			

何为吃苦？最难吃的苦是自控力、自制力、持之以恒和深度思考的能力。

年 Year　月 Month　日 Day　天气 Weather　心情 Mood

优秀的人，知道天有多高、坑有多深，知道现在在哪里、未来去哪儿。

年 Year	月 Month	日 Day	天气 Weather	心情 Mood

	1	2	3
要事优先 Important Matters 今日最重要三件事			
今日目标 Goals			
方法策略 Methods 除了做事方法 不要忘记人的策略			
时间安排 Timetable			
结果 Result 今日事，今日毕	□完成 □未完成	□完成 □未完成	□完成 □未完成
精进 Progress 每天进步一点点			
感悟 Inspiration			

选择容易的办法，往往会无功而返。

年 Year　月 Month　日 Day　天气 Weather　心情 Mood

正确的路，
往往是最难走的那条路。

年 Year	月 Month	日 Day	天气 Weather	心情 Mood

	1	2	3
要事优先 Important Matters 今日最重要三件事			
今日目标 Goals			
方法策略 Methods 除了做事方法 不要忘记人的策略			
时间安排 Timetable			
结果 Result 今日事，今日毕	□完成 □未完成	□完成 □未完成	□完成 □未完成
精进 Progress 每天进步一点点			
感悟 Inspiration			

年 Year　月 Month　日 Day　天气 Weather　心情 Mood

从知道知识到拿到结果，中间差了一个太平洋。

人生战略

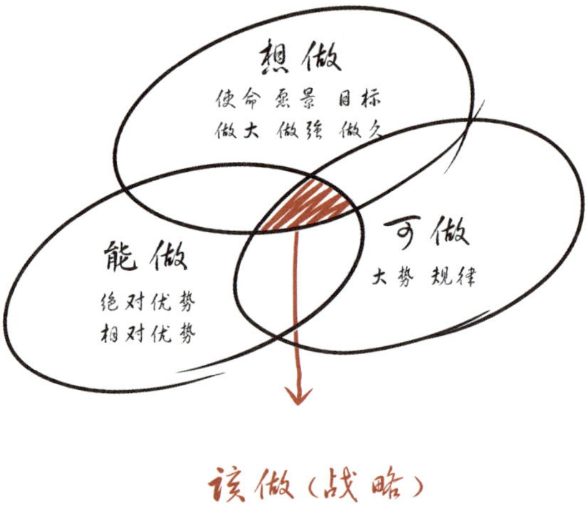

工具解读：

想做：我的愿景，我想做什么？我想成为什么样的人？

可做：我们要做的事情是否符合社会发展的趋势和规律？

能做：我的能力圈，我擅长做什么？我的优势和短板是什么？

想做、能做、可做的交集，就是你的人生战略选择。

请写出你三年的人生战略：

____

____

"

在这个时代就是要做一个

创新
谦逊
努力

的人

年 Year	月 Month	日 Day	天气 Weather	心情 Mood

	1	2	3
要事优先 Important Matters 今日最重要三件事			
今日目标 Goals			
方法策略 Methods 除了做事方法 不要忘记人的策略			
时间安排 Timetable			
结果 Result 今日事，今日毕	□完成 □未完成	□完成 □未完成	□完成 □未完成
精进 Progress 每天进步一点点			
感悟 Inspiration			

终身学习是每个人的必修课。

年 Year 月 Month 日 Day 天气 Weather 心情 Mood

学习型组织是每个管理者的必修课。

年 Year	月 Month	日 Day	天气 Weather	心情 Mood

	1	2	3
要事优先 Important Matters 今日最重要三件事			
今日目标 Goals			
方法策略 Methods 除了做事方法 不要忘记人的策略			
时间安排 Timetable			
结果 Result 今日事，今日毕	□完成 □未完成	□完成 □未完成	□完成 □未完成
精进 Progress 每天进步一点点			
感悟 Inspiration			

系统思维是每个老板的必修课。

年 Year　月 Month　日 Day　天气 Weather　心情 Mood

职场晋升的秘密，就是把眼前的事情做到最好。

年 Year	月 Month	日 Day	天气 Weather	心情 Mood

	1	2	3
要事优先 Important Matters 今日最重要三件事			
今日目标 Goals			
方法策略 Methods 除了做事方法 不要忘记人的策略			
时间安排 Timetable			
结果 Result 今日事，今日毕	□完成 □未完成	□完成 □未完成	□完成 □未完成
精进 Progress 每天进步一点点			
感悟 Inspiration			

选择比努力更重要。

年 Year 月 Month 日 Day 天气 Weather 心情 Mood

管理即生活方式，
销售即人生。

打破常规

是追求卓越的

基本要求。

学会决策

是人生的重要课题。

个人精进工具

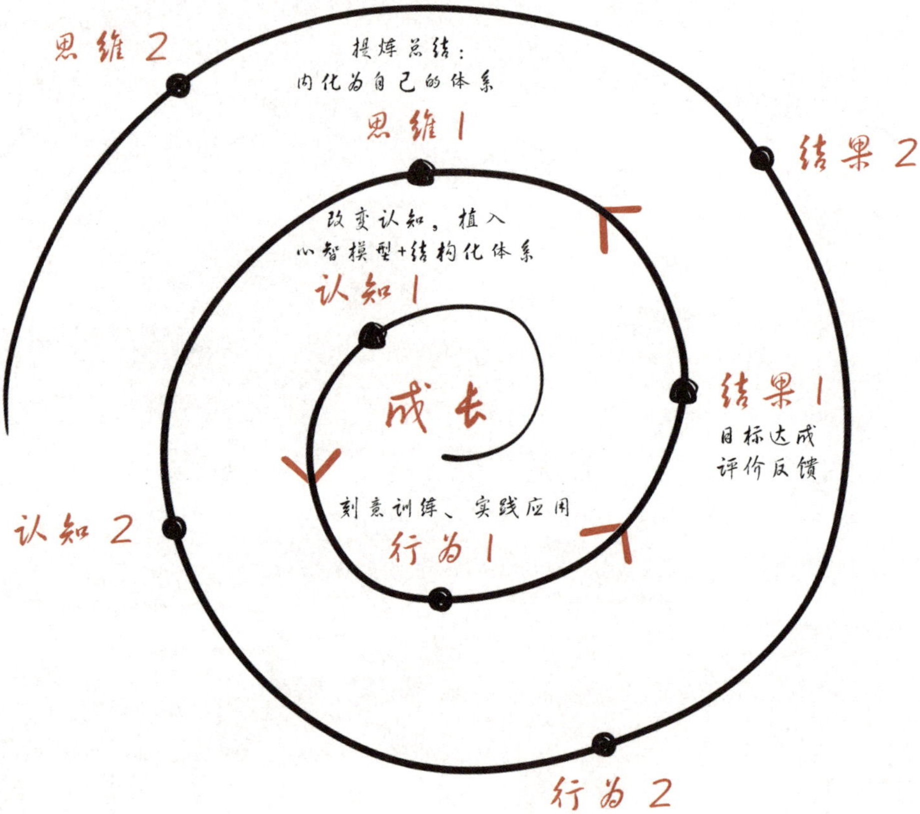
思维2
提炼总结：
内化为自己的体系
思维1
结果2
改变认知，植入
心智模型+结构化体系
认知1
成长
结果1
目标达成
评价反馈
认知2
刻意训练、实践应用
行为1
行为2

工具解读：

为什么学了很多东西，但始终没有效果？

因为学习必须要完成一个“认知—行为—结果—思维”的闭环，才算是有效果。

首先从一个新的认知开始，然后你要立即行动起来，把认知转化为你的行为，否则就无法实践，学习就是无效的。但这还不够，在实践中你必须取得成果，你的认知和实践才能被验证是真正有效。最后，把你认知和实践的心得总结出来，提炼成你自己的经验和知识体系。到这一步，走完一个完整的学习闭环，才可以说这个工具已经是你的了，它已经融入你的思维和行为中了，你就可以在其他领域应用这套知识体系。

我们每个人就是在这样一个个的闭环中螺旋式成长和发展的。

因此，学习“没有用”，是因为你没有“用”，大多数人在认知那一层就止步了，没有实践，没有行为的改变。

年 Year	月 Month	日 Day	天气 Weather	心情 Mood

	1	2	3
要事优先 Important Matters 今日最重要三件事			
今日目标 Goals			
方法策略 Methods 除了做事方法 不要忘记人的策略			
时间安排 Timetable			
结果 Result 今日事，今日毕	□完成 □未完成	□完成 □未完成	□完成 □未完成
精进 Progress 每天进步一点点			
感悟 Inspiration			

思维的深度，决定了你解决问题的层次。

年 Year　月 Month　日 Day　天气 Weather　心情 Mood

思维不转变，
行为都是错。

年	月	日	天气	心情
Year	Month	Day	Weather	Mood

	1	2	3
要事优先 Important Matters 今日最重要三件事			
今日目标 Goals			
方法策略 Methods 除了做事方法 不要忘记人的策略			
时间安排 Timetable			
结果 Result 今日事，今日毕	□完成 □未完成	□完成 □未完成	□完成 □未完成
精进 Progress 每天进步一点点			
感悟 Inspiration			

重要的问题，要持续思考。

年 Year 月 Month 日 Day 天气 Weather 心情 Mood

山不过来，我过去。
我们唯一能改变的是自己。

年 Year	月 Month	日 Day	天气 Weather	心情 Mood

	1	2	3
要事优先 Important Matters 今日最重要三件事			
今日目标 Goals			
方法策略 Methods 除了做事方法 不要忘记人的策略			
时间安排 Timetable			
结果 Result 今日事，今日毕	□完成 □未完成	□完成 □未完成	□完成 □未完成
精进 Progress 每天进步一点点			
感悟 Inspiration			

人不要在同一水平线上持续努力。

年 Year　月 Month　日 Day　天气 Weather　心情 Mood

人生很多事，不是一条直线。

年 Year　月 Month　日 Day　天气 Weather　心情 Mood

	1	2	3
要事优先 Important Matters 今日最重要三件事			
今日目标 Goals			
方法策略 Methods 除了做事方法 不要忘记人的策略			
时间安排 Timetable			
结果 Result 今日事，今日毕	□完成 □未完成	□完成 □未完成	□完成 □未完成
精进 Progress 每天进步一点点			
感悟 Inspiration			

一万个小时的刻意训练，才能变成武林高手。

年 Year　月 Month　日 Day　天气 Weather　心情 Mood

因为相信，所以看见，这是信仰。
因为看见，所以相信，这是规划。

年 Year	月 Month	日 Day	天气 Weather	心情 Mood

	1	2	3
要事优先 Important Matters 今日最重要三件事			
今日目标 Goals			
方法策略 Methods 除了做事方法 不要忘记人的策略			
时间安排 Timetable			
结果 Result 今日事，今日毕	□完成 □未完成	□完成 □未完成	□完成 □未完成
精进 Progress 每天进步一点点			
感悟 Inspiration			

心如明镜，光彩照人。

年 Year　月 Month　日 Day　天气 Weather　心情 Mood

仰望星空，脚踏实地。卓越的领导者，是理想主义与现实主义的结合体。

营销思维

是成功的底层思维，

系统思维

是成功的顶层思维。

极致的努力，
是一种天赋。

系统思考的三大维度

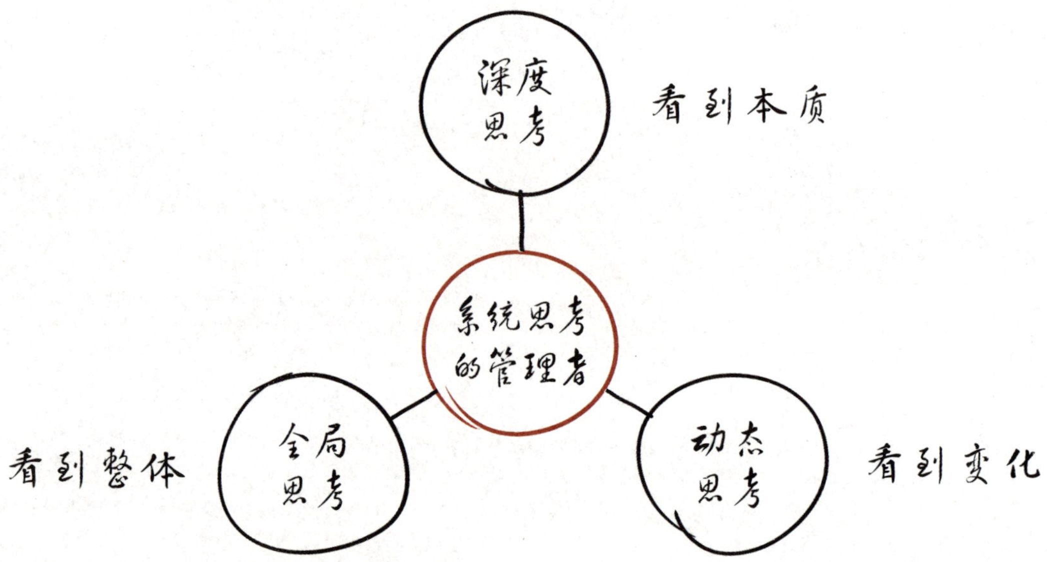

"

管理者的系统化思维

要

从现象到本质
从局部到整体
从现在到未来

年 Year	月 Month	日 Day	天气 Weather	心情 Mood

	1	2	3
要事优先 Important Matters 今日最重要三件事			
今日目标 Goals			
方法策略 Methods 除了做事方法 不要忘记人的策略			
时间安排 Timetable			
结果 Result 今日事，今日毕	□完成 □未完成	□完成 □未完成	□完成 □未完成
精进 Progress 每天进步一点点			
感悟 Inspiration			

企业家的职业素养，是使命驱动、胸怀天下、利他精神。

年 Year 月 Month 日 Day 天气 Weather 心情 Mood

做好管理者的三个体系：自我管理，业务管理，团队管理。

年 Year 月 Month 日 Day 天气 Weather 心情 Mood

	1	2	3
要事优先 Important Matters 今日最重要三件事			
今日目标 Goals			
方法策略 Methods 除了做事方法 不要忘记人的策略			
时间安排 Timetable			
结果 Result 今日事，今日毕	□完成 □未完成	□完成 □未完成	□完成 □未完成
精进 Progress 每天进步一点点			
感悟 Inspiration			

我们不怕忙，就怕忙却没有结果。

年 Year 月 Month 日 Day 天气 Weather 心情 Mood

建立彼此简单的关系，简单的信任，是组织高效的重要保障。

年 Year	月 Month	日 Day	天气 Weather	心情 Mood

	1	2	3
要事优先 Important Matters 今日最重要三件事			
今日目标 Goals			
方法策略 Methods 除了做事方法 不要忘记人的策略			
时间安排 Timetable			
结果 Result 今日事，今日毕	□完成 □未完成	□完成 □未完成	□完成 □未完成
精进 Progress 每天进步一点点			
感悟 Inspiration			

工作激情不是来自工作，而是来自生活本身。

年 Year	月 Month	日 Day	天气 Weather	心情 Mood

如何平衡工作与生活？我们需要像工作一样去认真生活，也需要跟生活一样去快乐工作。

年 Year　月 Month　日 Day　天气 Weather　心情 Mood

	1	2	3
要事优先 Important Matters 今日最重要三件事			
今日目标 Goals			
方法策略 Methods 除了做事方法 不要忘记人的策略			
时间安排 Timetable			
结果 Result 今日事，今日毕	□完成 □未完成	□完成 □未完成	□完成 □未完成
精进 Progress 每天进步一点点			
感悟 Inspiration			

优秀是卓越最大的敌人。

年 Year　月 Month　日 Day　天气 Weather　心情 Mood

玩在一起，
才能战斗在一起。

年 Year	月 Month	日 Day	天气 Weather	心情 Mood

	1	2	3
要事优先 Important Matters 今日最重要三件事			
今日目标 Goals			
方法策略 Methods 除了做事方法 不要忘记人的策略			
时间安排 Timetable			
结果 Result 今日事，今日毕	□完成 □未完成	□完成 □未完成	□完成 □未完成
精进 Progress 每天进步一点点			
感悟 Inspiration			

一个优秀的人身边，有五个同样优秀的人。

年 Year 月 Month 日 Day 天气 Weather 心情 Mood

用时间去判断一个人。
用结果和行为去判断一个人。

领导力五步曲

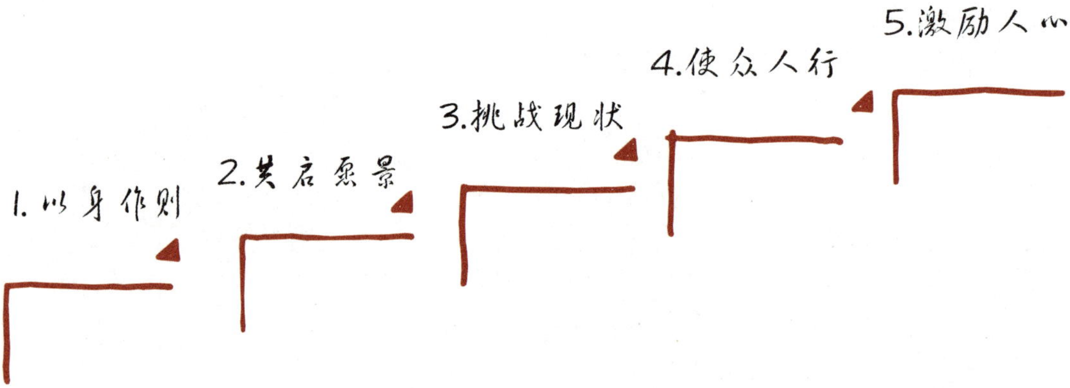

"

一根竹子

用了 4 年时间仅仅长了 3 厘米

但第 5 年却以每天

30 厘米的速度疯狂生长

仅用了 6 周的时间就长了近 15 米

其实在前面的 4 年里

竹子的根已经在土壤里

延伸了数百平米

这就是竹子定律

年 Year	月 Month	日 Day	天气 Weather	心情 Mood

	1	2	3
要事优先 Important Matters 今日最重要三件事			
今日目标 Goals			
方法策略 Methods 除了做事方法 不要忘记人的策略			
时间安排 Timetable			
结果 Result 今日事，今日毕	□完成 □未完成	□完成 □未完成	□完成 □未完成
精进 Progress 每天进步一点点			
感悟 Inspiration			

此时此刻，非我莫属。敢于担责，舍我其谁。

年 Year 月 Month 日 Day 天气 Weather 心情 Mood

极度渴望成功，
愿付非凡代价。

年 Year　月 Month　日 Day　天气 Weather　心情 Mood

	1	2	3
要事优先 Important Matters 今日最重要三件事			
今日目标 Goals			
方法策略 Methods 除了做事方法 不要忘记人的策略			
时间安排 Timetable			
结果 Result 今日事，今日毕	□完成 □未完成	□完成 □未完成	□完成 □未完成
精进 Progress 每天进步一点点			
感悟 Inspiration			

日复一日，年复一年，我们终将成为我们想成为的人。

年	月	日	天气	心情
Year	Month	Day	Weather	Mood

一个人要走得远，
体力、心力、脑力，缺一不可。

年 Year	月 Month	日 Day	天气 Weather	心情 Mood

	1	2	3
要事优先 Important Matters 今日最重要三件事			
今日目标 Goals			
方法策略 Methods 除了做事方法 不要忘记人的策略			
时间安排 Timetable			
结果 Result 今日事，今日毕	□完成 □未完成	□完成 □未完成	□完成 □未完成
精进 Progress 每天进步一点点			
感悟 Inspiration			

 你经历的所有好事情、坏事情，所有的挫折，都只有一个目的：为了修炼你自己。

年 Year　月 Month　日 Day　天气 Weather　心情 Mood

信任是最宝贵的，也是最脆弱的。你简单，世界就简单。

不怕遇到

懂一万种腿法的人，

就怕遇到一种腿法

练一万次的人。

每个人
都有一段沉默的时光。
那段时光，
是付出了很多努力，
却得不到结果的日子，
我们把它叫作扎根。

团队管理篇

Team Management

"

管理

的本质是

激发人的善意

通过团队拿结果

通过打胜仗培养团队

年	月	日	天气	心情
Year	Month	Day	Weather	Mood

	1	2	3
要事优先 Important Matters 今日最重要三件事			
今日目标 Goals			
方法策略 Methods 除了做事方法 不要忘记人的策略			
时间安排 Timetable			
结果 Result 今日事，今日毕	□完成 □未完成	□完成 □未完成	□完成 □未完成
精进 Progress 每天进步一点点			
感悟 Inspiration			

管理入门，是从识人心，懂人性开始。

年	月	日	天气	心情
Year	Month	Day	Weather	Mood

管理往往是逆人性的，但管理者要做到顺人心。

年	月	日	天气	心情
Year	Month	Day	Weather	Mood

	1	2	3
要事优先 Important Matters 今日最重要三件事			
今日目标 Goals			
方法策略 Methods 除了做事方法 不要忘记人的策略			
时间安排 Timetable			
结果 Result 今日事，今日毕	□完成 □未完成	□完成 □未完成	□完成 □未完成
精进 Progress 每天进步一点点			
感悟 Inspiration			

管理要做好，首先要具备正确的管理常识。

年 Year　月 Month　日 Day　天气 Weather　心情 Mood

管理最忌一刀切。

一线管理者的胜任力模型

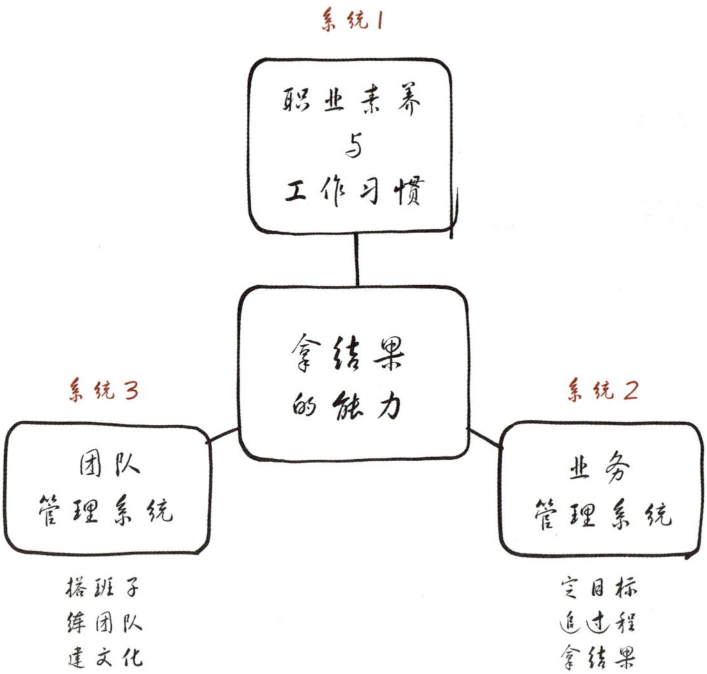

"

没有抓到问题的本质
是管理者遇到的最基本的

管理难题

年 Year	月 Month	日 Day	天气 Weather	心情 Mood

	1	2	3
要事优先 Important Matters 今日最重要三件事			
今日目标 Goals			
方法策略 Methods 除了做事方法 不要忘记人的策略			
时间安排 Timetable			
结果 Result 今日事，今日毕	□完成 □未完成	□完成 □未完成	□完成 □未完成
精进 Progress 每天进步一点点			
感悟 Inspiration			

管理是管人理事。

年 月 日 天气 心情
Year Month Day Weather Mood

只有当科学、手艺和哲学这三个维度结合在一起时才会出现有效的管理。

年 Year　月 Month　日 Day　天气 Weather　心情 Mood

	1	2	3
要事优先 Important Matters 今日最重要三件事			
今日目标 Goals			
方法策略 Methods 除了做事方法 不要忘记人的策略			
时间安排 Timetable			
结果 Result 今日事，今日毕	□完成 □未完成	□完成 □未完成	□完成 □未完成
精进 Progress 每天进步一点点			
感悟 Inspiration			

管理学科是知易行难。

年 Year 月 Month 日 Day 天气 Weather 心情 Mood

管理者的工作习惯，决定公司整体营运效率。

年 Year　月 Month　日 Day　天气 Weather　心情 Mood

	1	2	3
要事优先 Important Matters 今日最重要三件事			
今日目标 Goals			
方法策略 Methods 除了做事方法 不要忘记人的策略			
时间安排 Timetable			
结果 Result 今日事，今日毕	□完成 □未完成	□完成 □未完成	□完成 □未完成
精进 Progress 每天进步一点点			
感悟 Inspiration			

管理者要躬身入局，日拱一卒。

年 Year　月 Month　日 Day　天气 Weather　心情 Mood

管理要做到可控，不需要惊喜，也不需要惊吓。

年 Year　月 Month　日 Day　天气 Weather　心情 Mood

	1	2	3
要事优先 Important Matters 今日最重要三件事			
今日目标 Goals			
方法策略 Methods 除了做事方法 不要忘记人的策略			
时间安排 Timetable			
结果 Result 今日事，今日毕	□完成 □未完成	□完成 □未完成	□完成 □未完成
精进 Progress 每天进步一点点			
感悟 Inspiration			

好的管理者，不是要做一个好人，而是要做一个公平的人。

年 Year　月 Month　日 Day　天气 Weather　心情 Mood

管理不是非黑即白、非此即彼。卓越的管理者懂得兼容并蓄，Both yes！

年 Year	月 Month	日 Day	天气 Weather	心情 Mood

	1	2	3
要事优先 Important Matters 今日最重要三件事			
今日目标 Goals			
方法策略 Methods 除了做事方法 不要忘记人的策略			
时间安排 Timetable			
结果 Result 今日事，今日毕	□完成 □未完成	□完成 □未完成	□完成 □未完成
精进 Progress 每天进步一点点			
感悟 Inspiration			

管理者不要做传声筒和复读机。

年 Year　月 Month　日 Day　天气 Weather　心情 Mood

一个好的管理者，既要学会授权，又要明白让权不让责。

年 Year	月 Month	日 Day	天气 Weather	心情 Mood

	1	2	3
要事优先 Important Matters 今日最重要三件事			
今日目标 Goals			
方法策略 Methods 除了做事方法 不要忘记人的策略			
时间安排 Timetable			
结果 Result 今日事，今日毕	□完成 □未完成	□完成 □未完成	□完成 □未完成
精进 Progress 每天进步一点点			
感悟 Inspiration			

一将无能，累死三军。所有的错都是管理者的错。

年 Year　月 Month　日 Day　天气 Weather　心情 Mood

管理就是管一层，看两层。

年 Year　　月 Month　　日 Day　　天气 Weather　　心情 Mood

	1	2	3
要事优先 Important Matters 今日最重要三件事			
今日目标 Goals			
方法策略 Methods 除了做事方法 不要忘记人的策略			
时间安排 Timetable			
结果 Result 今日事，今日毕	□完成 □未完成	□完成 □未完成	□完成 □未完成
精进 Progress 每天进步一点点			
感悟 Inspiration			

管理方法“没有用”，是因为你没有“用”。

有效的管理，要预防专业主义、本位主义、形式主义。

一个好的管理者，
要学会克服自己
人性的弱点。

管理者最大的善意，
是追求公平和公正。

目标管理全生命周期

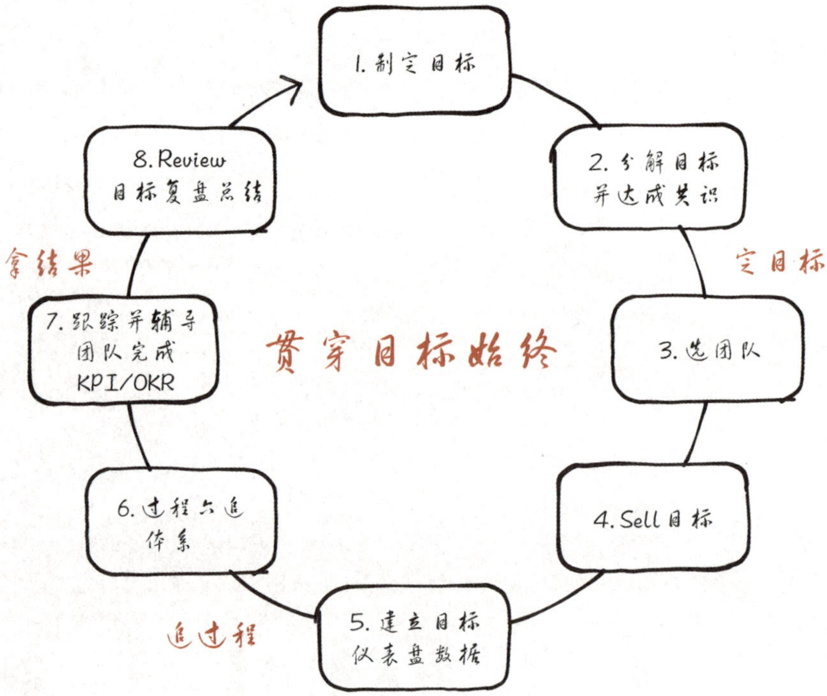
1. 制定目标
2. 分解目标并达成共识
定目标
3. 选团队
4. Sell目标
5. 建立目标仪表盘数据
追过程
6. 过程分追体系
7. 跟踪并辅导团队完成KPI/OKR
拿结果
8. Review目标复盘总结
贯穿目标始终

"

目标的

拆解、对齐

复盘、跟踪

才是目标落地的关键动作

年 Year　月 Month　日 Day　天气 Weather　心情 Mood

	1	2	3
要事优先 Important Matters 今日最重要三件事			
今日目标 Goals			
方法策略 Methods 除了做事方法 不要忘记人的策略			
时间安排 Timetable			
结果 Result 今日事，今日毕	□完成 □未完成	□完成 □未完成	□完成 □未完成
精进 Progress 每天进步一点点			
感悟 Inspiration			

有效的管理，就是要抓重点，一竿子插到底。

年 Year　月 Month　日 Day　天气 Weather　心情 Mood

管理的所有问题，
都要放到场景中去解决。

年 Year　月 Month　日 Day　天气 Weather　心情 Mood

	1	2	3
要事优先 Important Matters 今日最重要三件事			
今日目标 Goals			
方法策略 Methods 除了做事方法 不要忘记人的策略			
时间安排 Timetable			
结果 Result 今日事，今日毕	□完成 □未完成	□完成 □未完成	□完成 □未完成
精进 Progress 每天进步一点点			
感悟 Inspiration			

所有的管理，都在追求一种动态的平衡。

年 Year　月 Month　日 Day　天气 Weather　心情 Mood

真诚能解决管理最棘手的问题。

年 Year	月 Month	日 Day	天气 Weather	心情 Mood

	1	2	3
要事优先 Important Matters 今日最重要三件事			
今日目标 Goals			
方法策略 Methods 除了做事方法 不要忘记人的策略			
时间安排 Timetable			
结果 Result 今日事，今日毕	□完成 □未完成	□完成 □未完成	□完成 □未完成
精进 Progress 每天进步一点点			
感悟 Inspiration			

有领导力的未必是管理者，但管理者必须有领导力。

年 Year 月 Month 日 Day 天气 Weather 心情 Mood

管理者最高的境界，
是做到上善若水，至柔至刚。

年 Year	月 Month	日 Day	天气 Weather	心情 Mood

	1	2	3
要事优先 Important Matters 今日最重要三件事			
今日目标 Goals			
方法策略 Methods 除了做事方法 不要忘记人的策略			
时间安排 Timetable			
结果 Result 今日事，今日毕	□完成 □未完成	□完成 □未完成	□完成 □未完成
精进 Progress 每天进步一点点			
感悟 Inspiration			

领导力是一门艺术。

年 Year　月 Month　日 Day　天气 Weather　心情 Mood

以身作则是领导力的基石，
视人为人是领导力的最高境界。

年 Year　　月 Month　　日 Day　　天气 Weather　　心情 Mood

	1	2	3
要事优先 Important Matters 今日最重要三件事			
今日目标 Goals			
方法策略 Methods 除了做事方法 不要忘记人的策略			
时间安排 Timetable			
结果 Result 今日事，今日毕	□完成 □未完成	□完成 □未完成	□完成 □未完成
精进 Progress 每天进步一点点			
感悟 Inspiration			

企业领袖就是指明方向，打破一切常规。

年 Year　月 Month　日 Day　天气 Weather　心情 Mood

三分战略，七分执行。

年 Year　月 Month　日 Day　天气 Weather　心情 Mood

	1	2	3
要事优先 Important Matters 今日最重要三件事			
今日目标 Goals			
方法策略 Methods 除了做事方法 不要忘记人的策略			
时间安排 Timetable			
结果 Result 今日事，今日毕	□完成 □未完成	□完成 □未完成	□完成 □未完成
精进 Progress 每天进步一点点			
感悟 Inspiration			

战略变，架构调。

年 Year　月 Month　日 Day　天气 Weather　心情 Mood

组织能力跟不上业务的发展，是企业经营永恒的难题。

年 Year　月 Month　日 Day　天气 Weather　心情 Mood

	1	2	3
要事优先 Important Matters 今日最重要三件事			
今日目标 Goals			
方法策略 Methods 除了做事方法 不要忘记人的策略			
时间安排 Timetable			
结果 Result 今日事，今日毕	□完成 □未完成	□完成 □未完成	□完成 □未完成
精进 Progress 每天进步一点点			
感悟 Inspiration			

激励员工充满热情地完成公司交给他的任务，这是领导力的体现。

年	月	日	天气	心情
Year	Month	Day	Weather	Mood

没有唯一正确的组织架构，只有普遍适用的组织原则。分久必合，合久必分，组织架构设计都有发展的临界点。

管理者的三重境界：

见树木，

见森林，

见世界。

领导力是门艺术，
它让人渴望完成
自己的目标。

人才管理全生命周期：打造人才工厂

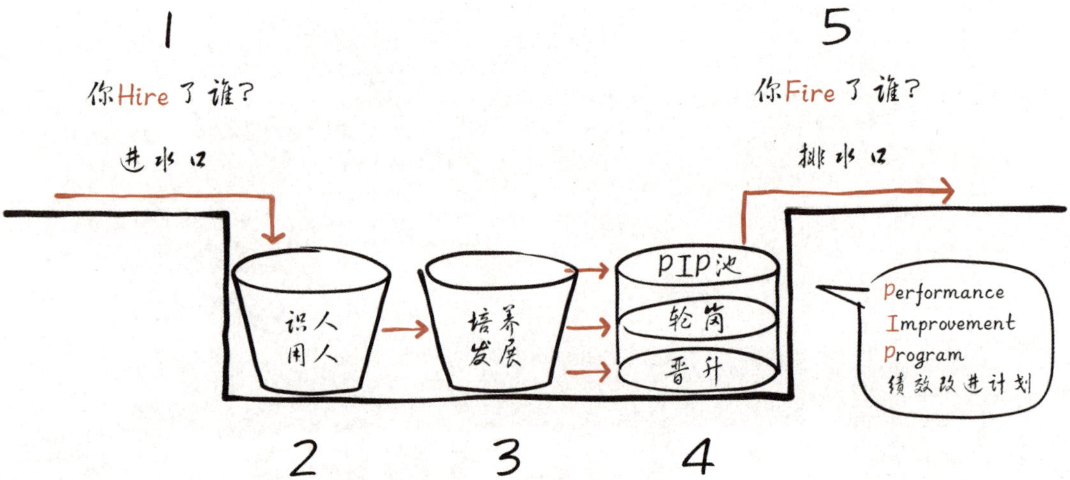

"

人才战略

是公司的第一战略

人才战略的第一要务是

关键岗位配上合适的人

年 Year　月 Month　日 Day　天气 Weather　心情 Mood

	1	2	3
要事优先 Important Matters 今日最重要三件事			
今日目标 Goals			
方法策略 Methods 除了做事方法 不要忘记人的策略			
时间安排 Timetable			
结果 Result 今日事，今日毕	□完成 □未完成	□完成 □未完成	□完成 □未完成
精进 Progress 每天进步一点点			
感悟 Inspiration			

建立一个高效的组织，必须要有共同的管理语言和管理体系。

年 Year　月 Month　日 Day　天气 Weather　心情 Mood

如何科学地制定目标，是一门学问。

年 Year　月 Month　日 Day　天气 Weather　心情 Mood

	1	2	3
要事优先 Important Matters 今日最重要三件事			
今日目标 Goals			
方法策略 Methods 除了做事方法 不要忘记人的策略			
时间安排 Timetable			
结果 Result 今日事，今日毕	□完成 □未完成	□完成 □未完成	□完成 □未完成
精进 Progress 每天进步一点点			
感悟 Inspiration			

老板的职责，是敢于拍梦想目标。

年 Year　月 Month　日 Day　天气 Weather　心情 Mood

Sell目标是优秀管理者的必备能力，描绘蓝图是每个老板的必备能力。

年 Year	月 Month	日 Day	天气 Weather	心情 Mood

	1	2	3
要事优先 Important Matters 今日最重要三件事			
今日目标 Goals			
方法策略 Methods 除了做事方法 不要忘记人的策略			
时间安排 Timetable			
结果 Result 今日事，今日毕	□完成 □未完成	□完成 □未完成	□完成 □未完成
精进 Progress 每天进步一点点			
感悟 Inspiration			

老板决定什么是正确的方向，绩效管理保障我们走在正确的路上。

年 Year　月 Month　日 Day　天气 Weather　心情 Mood

过程追踪以日为单位，业务节奏以周为单位，
业务复盘以月为单位，绩效复盘以季为单位。

年 Year	月 Month	日 Day	天气 Weather	心情 Mood

	1	2	3
要事优先 Important Matters 今日最重要三件事			
今日目标 Goals			
方法策略 Methods 除了做事方法 不要忘记人的策略			
时间安排 Timetable			
结果 Result 今日事，今日毕	□完成 □未完成	□完成 □未完成	□完成 □未完成
精进 Progress 每天进步一点点			
感悟 Inspiration			

绩效目标是每个人工作的方向棒。

业绩结果、团队文化、人才培养，是衡量一个好的管理者的三个标准。

年 Year	月 Month	日 Day	天气 Weather	心情 Mood

	1	2	3
要事优先 Important Matters 今日最重要三件事			
今日目标 Goals			
方法策略 Methods 除了做事方法 不要忘记人的策略			
时间安排 Timetable			
结果 Result 今日事，今日毕	□完成 □未完成	□完成 □未完成	□完成 □未完成
精进 Progress 每天进步一点点			
感悟 Inspiration			

为过程鼓掌，为结果付酬。

年 Year　月 Month　日 Day　天气 Weather　心情 Mood

苛求过程，
释怀结果。

年 Year	月 Month	日 Day	天气 Weather	心情 Mood

	1	2	3
要事优先 Important Matters 今日最重要三件事			
今日目标 Goals			
方法策略 Methods 除了做事方法 不要忘记人的策略			
时间安排 Timetable			
结果 Result 今日事，今日毕	□完成 □未完成	□完成 □未完成	□完成 □未完成
精进 Progress 每天进步一点点			
感悟 Inspiration			

拿到结果，是管理中最难的事情。

年 Year　月 Month　日 Day　天气 Weather　心情 Mood

复盘治百病。

年 Year	月 Month	日 Day	天气 Weather	心情 Mood

	1	2	3
要事优先 Important Matters 今日最重要三件事			
今日目标 Goals			
方法策略 Methods 除了做事方法 不要忘记人的策略			
时间安排 Timetable			
结果 Result 今日事，今日毕	□完成 □未完成	□完成 □未完成	□完成 □未完成
精进 Progress 每天进步一点点			
感悟 Inspiration			

无复盘，无成长；无复盘，无结果。

年 Year 月 Month 日 Day 天气 Weather 心情 Mood

沟通中对事不对人。

以身作则
胜千言。

领导者是
寂寞的，
胸怀是
委屈撑大的。

人才画像

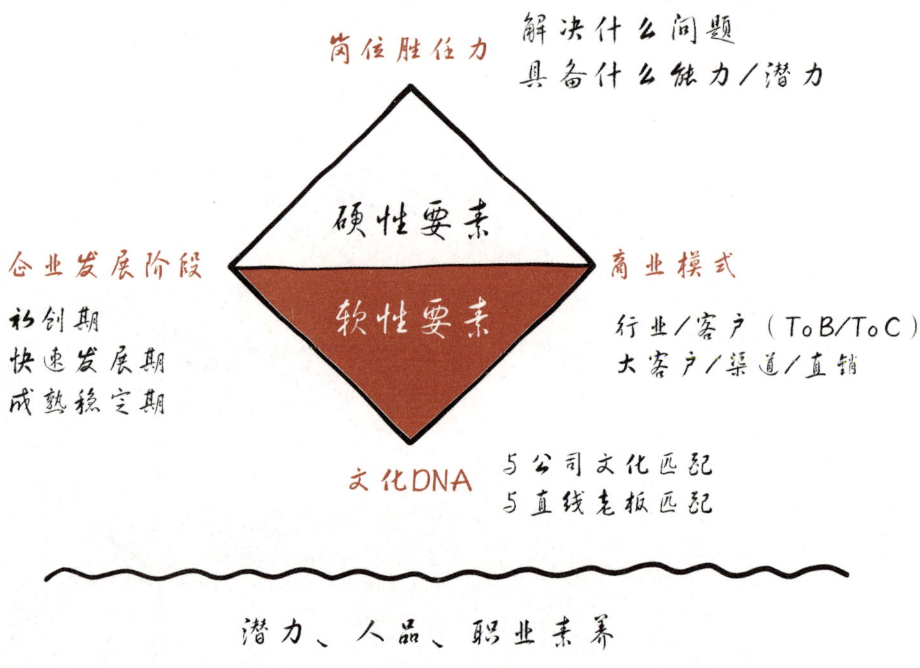
岗位胜任力
解决什么问题
具备什么能力/潜力
硬性要素
企业发展阶段
初创期
快速发展期
成熟稳定期
商业模式
行业/客户（ToB/ToC）
大客户/渠道/直销
软性要素
文化DNA
与公司文化匹配
与直线老板匹配
潜力、人品、职业素养

II

什么是优秀的人才

人品好
潜力高
要性强

年 Year	月 Month	日 Day	天气 Weather	心情 Mood

	1	2	3
要事优先 Important Matters 今日最重要三件事			
今日目标 Goals			
方法策略 Methods 除了做事方法 不要忘记人的策略			
时间安排 Timetable			
结果 Result 今日事，今日毕	□完成 □未完成	□完成 □未完成	□完成 □未完成
精进 Progress 每天进步一点点			
感悟 Inspiration			

真理总是越辩越明。

年 月 日 天气 心情
Year Month Day Weather Mood

绩效不是秋后算账，
而是辅导和培养员工。

年 Year	月 Month	日 Day	天气 Weather	心情 Mood

	1	2	3
要事优先 Important Matters 今日最重要三件事			
今日目标 Goals			
方法策略 Methods 除了做事方法 不要忘记人的策略			
时间安排 Timetable			
结果 Result 今日事，今日毕	□完成 □未完成	□完成 □未完成	□完成 □未完成
精进 Progress 每天进步一点点			
感悟 Inspiration			

你设置什么样的绩效目标，你的团队就会变成什么样子。

年 Year 月 Month 日 Day 天气 Weather 心情 Mood

绩效目标方向的设置基于岗位胜任力，没有一个岗位的价值不可被衡量。

年 Year	月 Month	日 Day	天气 Weather	心情 Mood

	1	2	3
要事优先 Important Matters 今日最重要三件事			
今日目标 Goals			
方法策略 Methods 除了做事方法 不要忘记人的策略			
时间安排 Timetable			
结果 Result 今日事，今日毕	□完成 □未完成	□完成 □未完成	□完成 □未完成
精进 Progress 每天进步一点点 感悟 Inspiration			

绩效面谈，要做到公正、真诚和善意。

年 Year　月 Month　日 Day　天气 Weather　心情 Mood

绩效是一种文化，绩效是一种使命，

绩效是一种标准。

年 Year　月 Month　日 Day　天气 Weather　心情 Mood

	1	2	3
要事优先 Important Matters 今日最重要三件事			
今日目标 Goals			
方法策略 Methods 除了做事方法 不要忘记人的策略			
时间安排 Timetable			
结果 Result 今日事，今日毕	□完成 □未完成	□完成 □未完成	□完成 □未完成
精进 Progress 每天进步一点点			
感悟 Inspiration			

何为伪高管？缺少担当，报喜不报忧，甩锅抢功。

年	月	日	天气	心情
Year	Month	Day	Weather	Mood

何为伪基层？基本功不扎实，拿不到结果。

年 Year	月 Month	日 Day	天气 Weather	心情 Mood

	1	2	3
要事优先 Important Matters 今日最重要三件事			
今日目标 Goals			
方法策略 Methods 除了做事方法 不要忘记人的策略			
时间安排 Timetable			
结果 Result 今日事，今日毕	□完成 □未完成	□完成 □未完成	□完成 □未完成
精进 Progress 每天进步一点点			
感悟 Inspiration			

做一个好的 HR，首先要懂业务，其次是会沟通，最后还要有专业度。

年 Year　月 Month　日 Day　天气 Weather　心情 Mood

激励的本质是奖优罚劣。

年 Year	月 Month	日 Day	天气 Weather	心情 Mood

	1	2	3
要事优先 Important Matters 今日最重要三件事			
今日目标 Goals			
方法策略 Methods 除了做事方法 不要忘记人的策略			
时间安排 Timetable			
结果 Result 今日事，今日毕	□完成 □未完成	□完成 □未完成	□完成 □未完成
精进 Progress 每天进步一点点			
感悟 Inspiration			

不让雷锋吃亏，向奋斗者倾斜。

年 Year　月 Month　日 Day　天气 Weather　心情 Mood

钱分好了，
管理的一半问题就解决了。

管理的境界：

实事虚干，虚事实干，

借事修人，借假修真。

一个好的复盘，
从业务管理复盘
到团队管理，
最后复盘到
管理者本身。

业务型HR的胜任力模型

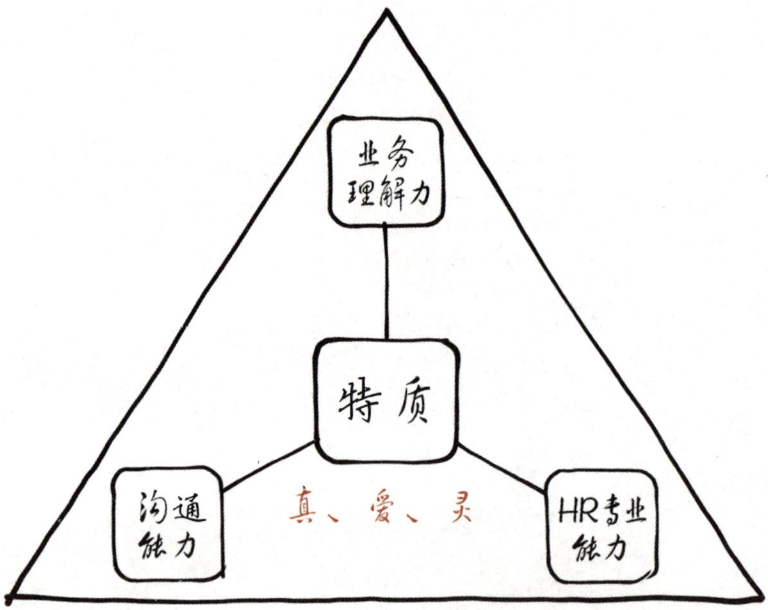

"

真 爱 灵

是一个好的 HR 的特质

年 Year	月 Month	日 Day	天气 Weather	心情 Mood

	1	2	3
要事优先 Important Matters 今日最重要三件事			
今日目标 Goals			
方法策略 Methods 除了做事方法 不要忘记人的策略			
时间安排 Timetable			
结果 Result 今日事，今日毕	□完成 □未完成	□完成 □未完成	□完成 □未完成
精进 Progress 每天进步一点点			
感悟 Inspiration			

激励就是对得起好的人，对不起不好的人。

年 Year 月 Month 日 Day 天气 Weather 心情 Mood

无服务，不续签。

年 Year　月 Month　日 Day　天气 Weather　心情 Mood

	1	2	3
要事优先 Important Matters 今日最重要三件事			
今日目标 Goals			
方法策略 Methods 除了做事方法 不要忘记人的策略			
时间安排 Timetable			
结果 Result 今日事，今日毕	□完成 □未完成	□完成 □未完成	□完成 □未完成
精进 Progress 每天进步一点点			
感悟 Inspiration			

管理就是要用人所长。

年 Year　月 Month　日 Day　天气 Weather　心情 Mood

干部是公司最宝贵的资产。

年 Year　月 Month　日 Day　天气 Weather　心情 Mood

	1	2	3
要事优先 Important Matters 今日最重要三件事			
今日目标 Goals			
方法策略 Methods 除了做事方法 不要忘记人的策略			
时间安排 Timetable			
结果 Result 今日事，今日毕	□完成 □未完成	□完成 □未完成	□完成 □未完成
精进 Progress 每天进步一点点			
感悟 Inspiration			

有才无德的员工，对组织的伤害最大。

年 月 日 天气 心情
Year Month Day Weather Mood

组织发展十二字方针，就是选对人、用对人、发展人、评估人。

年 Year	月 Month	日 Day	天气 Weather	心情 Mood

	1	2	3
要事优先 Important Matters 今日最重要三件事			
今日目标 Goals			
方法策略 Methods 除了做事方法 不要忘记人的策略			
时间安排 Timetable			
结果 Result 今日事，今日毕	□完成 □未完成	□完成 □未完成	□完成 □未完成
精进 Progress 每天进步一点点			
感悟 Inspiration			

上级看能力，平级看胸怀，下级看人品。

年 Year　月 Month　日 Day　天气 Weather　心情 Mood

向上沟通要有胆量，平级沟通要有肺腑，向下沟通要有良心。

年 Year	月 Month	日 Day	天气 Weather	心情 Mood

	1	2	3
要事优先 Important Matters 今日最重要三件事			
今日目标 Goals			
方法策略 Methods 除了做事方法 不要忘记人的策略			
时间安排 Timetable			
结果 Result 今日事，今日毕	□完成 □未完成	□完成 □未完成	□完成 □未完成
精进 Progress 每天进步一点点			
感悟 Inspiration			

企业空降高管，切勿新官上任三把火。

年 Year　月 Month　日 Day　天气 Weather　心情 Mood

疑人要用，
用人要疑。

年 Year	月 Month	日 Day	天气 Weather	心情 Mood

	1	2	3
要事优先 Important Matters 今日最重要三件事			
今日目标 Goals			
方法策略 Methods 除了做事方法 不要忘记人的策略			
时间安排 Timetable			
结果 Result 今日事，今日毕	□完成 □未完成	□完成 □未完成	□完成 □未完成
精进 Progress 每天进步一点点			
感悟 Inspiration			

业务的决策快一些，人的决策慢一些。

年 Year 月 Month 日 Day 天气 Weather 心情 Mood

大胆使用是最好的培养。

领导者的第一要事，
激发组织明确的
共同愿景。

做文化不是做运动，

既要润物细无声，

还要百花齐放，

活色生香。

辅导工具

团队辅导工具

状态 ▶ 习惯 ▶ 流程 ▶ 技能 ▶ 工具

个人辅导工具：两个十六字辅导方针

事　我做你看 → 我说你听 → 你做我看 → 你说我听

人　动之以情 → 晓之以理 → 诱之以利 → 绳之以法

团队辅导工具解读：

优先解决团队状态问题（愿意不愿意干）

其次是工作习惯问题

然后是工作流程和技能（会不会干）

最后是业务管理工具（让管理更高效）

年 Year	月 Month	日 Day	天气 Weather	心情 Mood

	1	2	3
要事优先 Important Matters 今日最重要三件事			
今日目标 Goals			
方法策略 Methods 除了做事方法 不要忘记人的策略			
时间安排 Timetable			
结果 Result 今日事，今日毕	□完成 □未完成	□完成 □未完成	□完成 □未完成
精进 Progress 每天进步一点点			
感悟 Inspiration			

心要仁慈，“刀”要快。

年	月	日	天气	心情
Year	Month	Day	Weather	Mood

铁打的营盘，流水的兵。

年 Year　月 Month　日 Day　天气 Weather　心情 Mood

	1	2	3
要事优先 Important Matters 今日最重要三件事			
今日目标 Goals			
方法策略 Methods 除了做事方法 不要忘记人的策略			
时间安排 Timetable			
结果 Result 今日事，今日毕	□完成 □未完成	□完成 □未完成	□完成 □未完成
精进 Progress 每天进步一点点			
感悟 Inspiration			

年 Year　月 Month　日 Day　天气 Weather　心情 Mood

选人不对，劣币会驱逐良币。

年 Year	月 Month	日 Day	天气 Weather	心情 Mood

	1	2	3
要事优先 Important Matters 今日最重要三件事			
今日目标 Goals			
方法策略 Methods 除了做事方法 不要忘记人的策略			
时间安排 Timetable			
结果 Result 今日事，今日毕	□完成 □未完成	□完成 □未完成	□完成 □未完成
精进 Progress 每天进步一点点			
感悟 Inspiration			

顶尖人才吸引一流人才，二流人才吸引不入流人才。

年 Year　月 Month　日 Day　天气 Weather　心情 Mood

管理最大的浪费，是招了不合适的人。

年 Year　　月 Month　　日 Day　　天气 Weather　　心情 Mood

	1	2	3
要事优先 Important Matters 今日最重要三件事			
今日目标 Goals			
方法策略 Methods 除了做事方法 不要忘记人的策略			
时间安排 Timetable			
结果 Result 今日事，今日毕	□完成 □未完成	□完成 □未完成	□完成 □未完成
精进 Progress 每天进步一点点			
感悟 Inspiration			

打造人才工厂，是企业良将如潮的秘诀。

年 Year 月 Month 日 Day 天气 Weather 心情 Mood

选拔比培养更重要。

年 Year　月 Month　日 Day　天气 Weather　心情 Mood

	1	2	3
要事优先 Important Matters 今日最重要三件事			
今日目标 Goals			
方法策略 Methods 除了做事方法 不要忘记人的策略			
时间安排 Timetable			
结果 Result 今日事，今日毕	□完成 □未完成	□完成 □未完成	□完成 □未完成
精进 Progress 每天进步一点点			
感悟 Inspiration			

管理干部要能上能下，能左能右。

年 Year	月 Month	日 Day	天气 Weather	心情 Mood

贝克汉姆不听话，
也可以让他坐冷板凳。

绩效管理流程图

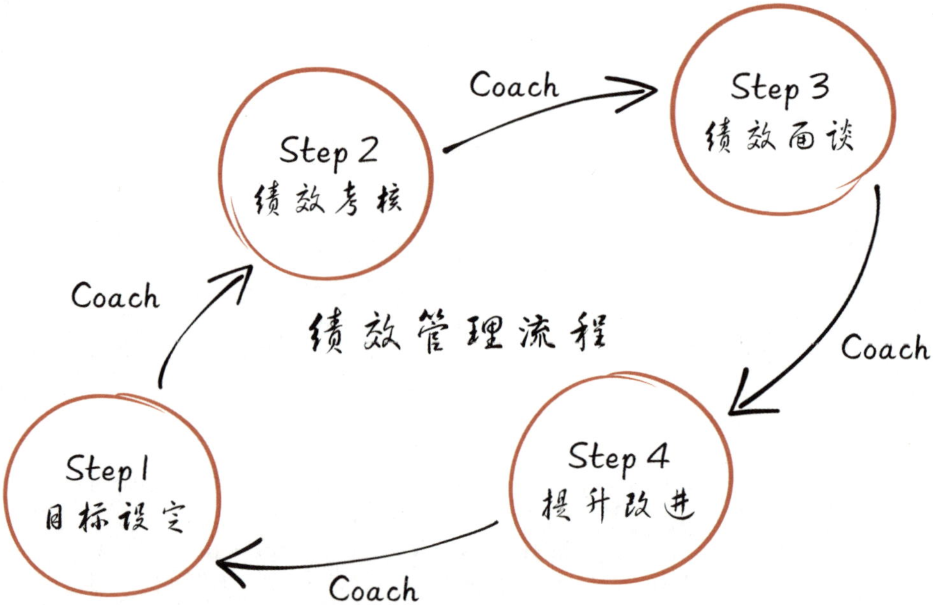
Step 1
目标设定
Coach
Step 2
绩效考核
Coach
Step 3
绩效面谈
Coach
Step 4
提升改进
Coach
绩效管理流程

Step 1 目标设定

组织使命和个人梦想的链接

局部和整体的链接

事和人的链接

现在和未来的链接

Step 2 绩效考核

绩效不是秋后算账，

目的是辅导和培养员工

Step 3 绩效面谈

进门有准备，出门有力量

丑话当先，No surprise

Step 4 提升改进

今天最好的表现

是明天最低的要求

年	月	日	天气	心情
Year	Month	Day	Weather	Mood

	1	2	3
要事优先 Important Matters 今日最重要三件事			
今日目标 Goals			
方法策略 Methods 除了做事方法 不要忘记人的策略			
时间安排 Timetable			
结果 Result 今日事，今日毕	□完成 □未完成	□完成 □未完成	□完成 □未完成
精进 Progress 每天进步一点点			
感悟 Inspiration			

团队管理三板斧：搭班子，练团队，建文化。

年 Year　月 Month　日 Day　天气 Weather　心情 Mood

好的团队既要有情有义，又要纪律严明。

年 Year	月 Month	日 Day	天气 Weather	心情 Mood

	1	2	3
要事优先 Important Matters 今日最重要三件事			
今日目标 Goals			
方法策略 Methods 除了做事方法 不要忘记人的策略			
时间安排 Timetable			
结果 Result 今日事，今日毕	□完成 □未完成	□完成 □未完成	□完成 □未完成
精进 Progress 每天进步一点点			
感悟 Inspiration			

团队就是你的镜子，团队的问题就是你的问题。

年 Year　月 Month　日 Day　天气 Weather　心情 Mood

如何培养一个下属？教会他做人和做事的标准。

年 Year　月 Month　日 Day　天气 Weather　心情 Mood

	1	2	3
要事优先 Important Matters 今日最重要三件事			
今日目标 Goals			
方法策略 Methods 除了做事方法 不要忘记人的策略			
时间安排 Timetable			
结果 Result 今日事，今日毕	□完成 □未完成	□完成 □未完成	□完成 □未完成
精进 Progress 每天进步一点点			
感悟 Inspiration			

名师加严师，才能出高徒。

年 Year　月 Month　日 Day　天气 Weather　心情 Mood

好的CEO，
应该是首席教育官。

年 Year	月 Month	日 Day	天气 Weather	心情 Mood

	1	2	3
要事优先 Important Matters 今日最重要三件事			
今日目标 Goals			
方法策略 Methods 除了做事方法 不要忘记人的策略			
时间安排 Timetable			
结果 Result 今日事，今日毕	□完成 □未完成	□完成 □未完成	□完成 □未完成
精进 Progress 每天进步一点点			
感悟 Inspiration			

年 Year　月 Month　日 Day　天气 Weather　心情 Mood

没有不好的员工，
只有不称职的管理者。

年 Year	月 Month	日 Day	天气 Weather	心情 Mood

	1	2	3
要事优先 Important Matters 今日最重要三件事			
今日目标 Goals			
方法策略 Methods 除了做事方法 不要忘记人的策略			
时间安排 Timetable			
结果 Result 今日事，今日毕	□完成 □未完成	□完成 □未完成	□完成 □未完成
精进 Progress 每天进步一点点			
感悟 Inspiration			

通过团队拿结果，通过结果培养团队。

年 Year 月 Month 日 Day 天气 Weather 心情 Mood

企业建文化，
就是在沙漠中建绿洲。

最好的团建，

是从一个胜利走向

另一个胜利。

激励人心

是领导力的精髓。

高效会议七步曲

1
明确会议目的和
要达成的价值贡献
2
邀请有效人员参加
3
所有人做好会议
前的相关准备
4
一个有效的
会议主持人
5
有效的会议流程
+
控时节奏
6
达成共识
7
有后续跟进计划
和落地措施

"

战略共创会的目标是

统一思想
统一方向
统一打法

年 Year　月 Month　日 Day　天气 Weather　心情 Mood

	1	2	3
要事优先 Important Matters 今日最重要三件事			
今日目标 Goals			
方法策略 Methods 除了做事方法 不要忘记人的策略			
时间安排 Timetable			
结果 Result 今日事，今日毕	□完成 □未完成	□完成 □未完成	□完成 □未完成
精进 Progress 每天进步一点点			
感悟 Inspiration			

所谓的基业长青，背后都是文化的生生不息。

年	月	日	天气	心情
Year	Month	Day	Weather	Mood

制度不在于多而在于精，制度解决不了的问题，文化去解决。

年 Year　　月 Month　　日 Day　　天气 Weather　　心情 Mood

	1	2	3
要事优先 Important Matters 今日最重要三件事			
今日目标 Goals			
方法策略 Methods 除了做事方法 不要忘记人的策略			
时间安排 Timetable			
结果 Result 今日事，今日毕	□完成 □未完成	□完成 □未完成	□完成 □未完成
精进 Progress 每天进步一点点			
感悟 Inspiration			

一个人可以走得很快，一群人可以走得很远。

年 Year　月 Month　日 Day　天气 Weather　心情 Mood

文化是业务的土壤，种瓜得瓜，种豆得豆。

年 Year　月 Month　日 Day　天气 Weather　心情 Mood

	1	2	3
要事优先 Important Matters 今日最重要三件事			
今日目标 Goals			
方法策略 Methods 除了做事方法 不要忘记人的策略			
时间安排 Timetable			
结果 Result 今日事，今日毕	□完成 □未完成	□完成 □未完成	□完成 □未完成
精进 Progress 每天进步一点点			
感悟 Inspiration			

生存文化是公司的第一文化。

年 Year　月 Month　日 Day　天气 Weather　心情 Mood

制度是为了奖优罚劣，
而不是监督约束。

年 Year	月 Month	日 Day	天气 Weather	心情 Mood

	1	2	3
要事优先 Important Matters 今日最重要三件事			
今日目标 Goals			
方法策略 Methods 除了做事方法 不要忘记人的策略			
时间安排 Timetable			
结果 Result 今日事，今日毕	□完成 □未完成	□完成 □未完成	□完成 □未完成
精进 Progress 每天进步一点点			
感悟 Inspiration			

我们不反对山头，但反对山头主义。

年 Year　月 Month　日 Day　天气 Weather　心情 Mood

文化落地最难的是从公司墙上，到员工心上。

年 Year	月 Month	日 Day	天气 Weather	心情 Mood

	1	2	3
要事优先 Important Matters 今日最重要三件事			
今日目标 Goals			
方法策略 Methods 除了做事方法 不要忘记人的策略			
时间安排 Timetable			
结果 Result 今日事，今日毕	□完成 □未完成	□完成 □未完成	□完成 □未完成
精进 Progress 每天进步一点点			
感悟 Inspiration			

文化是危难时刻的救命稻草。

年 Year　月 Month　日 Day　天气 Weather　心情 Mood

以身作则，管理者是文化的载体。

经营管理篇

Business Management

"

人力资源

是 CEO 的第一工程

年 Year	月 Month	日 Day	天气 Weather	心情 Mood

	1	2	3
要事优先 Important Matters 今日最重要三件事			
今日目标 Goals			
方法策略 Methods 除了做事方法 不要忘记人的策略			
时间安排 Timetable			
结果 Result 今日事，今日毕	□完成 □未完成	□完成 □未完成	□完成 □未完成
精进 Progress 每天进步一点点			
感悟 Inspiration			

万事始于人。

年 Year　月 Month　日 Day　天气 Weather　心情 Mood

卓越的企业领导者，首先会让合适的人上车，让不合适的人下车，再决定把车开向哪里。

年 Year	月 Month	日 Day	天气 Weather	心情 Mood

	1	2	3
要事优先 Important Matters 今日最重要三件事			
今日目标 Goals			
方法策略 Methods 除了做事方法 不要忘记人的策略			
时间安排 Timetable			
结果 Result 今日事，今日毕	□完成 □未完成	□完成 □未完成	□完成 □未完成
精进 Progress 每天进步一点点			
感悟 Inspiration			

从“先事后人”到“先人后事”，是成为一个卓越管理者的关键转折点。

年 Year　月 Month　日 Day　天气 Weather　心情 Mood

一家卓越的企业，永远是行胜于言，永进无潮！

一个好的业务管理者，
首先应该是一个好的
人力资源管理者。

天晴时修屋顶，

业务增长时最适合做

组织建设。

企业经营之本

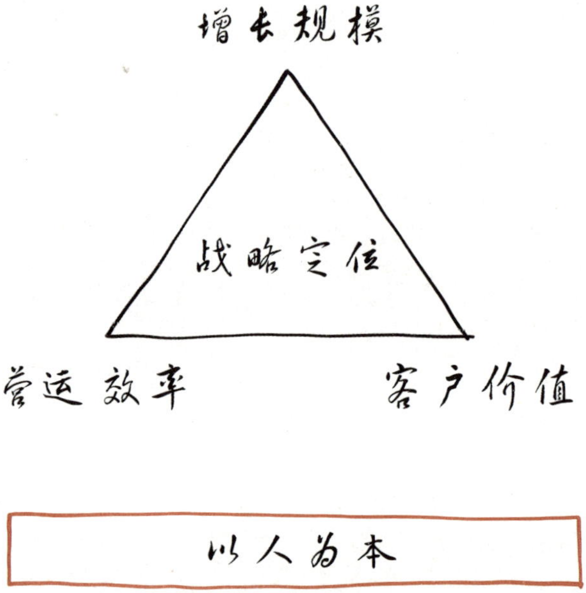

"

追求

增长规模

+

营运效率

+

客户价值

的平衡

年 Year	月 Month	日 Day	天气 Weather	心情 Mood

	1	2	3
要事优先 Important Matters 今日最重要三件事			
今日目标 Goals			
方法策略 Methods 除了做事方法 不要忘记人的策略			
时间安排 Timetable			
结果 Result 今日事，今日毕	□完成 □未完成	□完成 □未完成	□完成 □未完成
精进 Progress 每天进步一点点			
感悟 Inspiration			

经营企业唯一不变的是变化。

年 Year　月 Month　日 Day　天气 Weather　心情 Mood

无论你变与不变，
世界都在变！

年	月	日	天气	心情
Year	Month	Day	Weather	Mood

	1	2	3
要事优先 Important Matters 今日最重要三件事			
今日目标 Goals			
方法策略 Methods 除了做事方法 不要忘记人的策略			
时间安排 Timetable			
结果 Result 今日事，今日毕	□完成 □未完成	□完成 □未完成	□完成 □未完成
精进 Progress 每天进步一点点			
感悟 Inspiration			

好的战略，与其更好，不如不同。

年 Year　月 Month　日 Day　天气 Weather　心情 Mood

什么是企业的高质量发展？通过企业内部的组织创新和领导力驱动，从而推动公司的业绩增长。

年	月	日	天气	心情
Year	Month	Day	Weather	Mood

	1	2	3
要事优先 Important Matters 今日最重要三件事			
今日目标 Goals			
方法策略 Methods 除了做事方法 不要忘记人的策略			
时间安排 Timetable			
结果 Result 今日事，今日毕	□完成 □未完成	□完成 □未完成	□完成 □未完成
精进 Progress 每天进步一点点			
感悟 Inspiration			

战略就是做正确的事情，舍九取一。

年 Year　月 Month　日 Day　天气 Weather　心情 Mood

战略是愿景驱动，
同时是用户需求驱动。

年 Year	月 Month	日 Day	天气 Weather	心情 Mood

	1	2	3
要事优先 Important Matters 今日最重要三件事			
今日目标 Goals			
方法策略 Methods 除了做事方法 不要忘记人的策略			
时间安排 Timetable			
结果 Result 今日事，今日毕	□完成 □未完成	□完成 □未完成	□完成 □未完成
精进 Progress 每天进步一点点			
感悟 Inspiration			

定战略，要以客户需求为出发点，找到差异化和竞争优势。

年 Year　月 Month　日 Day　天气 Weather　心情 Mood

战略是打出来的。

年 Year	月 Month	日 Day	天气 Weather	心情 Mood

	1	2	3
要事优先 Important Matters 今日最重要三件事			
今日目标 Goals			
方法策略 Methods 除了做事方法 不要忘记人的策略			
时间安排 Timetable			
结果 Result 今日事，今日毕	□完成 □未完成	□完成 □未完成	□完成 □未完成
精进 Progress 每天进步一点点			
感悟 Inspiration			

你要学会用一句话说清楚你的战略。

年	月	日	天气	心情
Year	Month	Day	Weather	Mood

想做、能做和可做的交集，才是你的战略选择。

企业经营的四大断裂

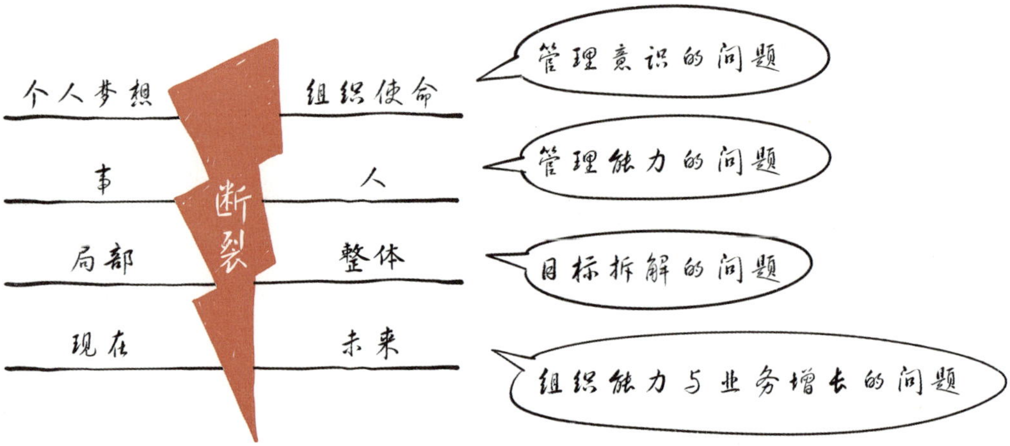

个人梦想
组织使命
事
人
局部
整体
现在
未来
断裂
管理意识的问题
管理能力的问题
目标拆解的问题
组织能力与业务增长的问题

"

所谓远见

是看见别人看不见的
机会和风险

年 Year	月 Month	日 Day	天气 Weather	心情 Mood

	1	2	3
要事优先 Important Matters 今日最重要三件事			
今日目标 Goals			
方法策略 Methods 除了做事方法 不要忘记人的策略			
时间安排 Timetable			
结果 Result 今日事，今日毕	□完成 □未完成	□完成 □未完成	□完成 □未完成
精进 Progress 每天进步一点点			
感悟 Inspiration			

战略与策略，无非就是做正确的事情，以及如何把事情做对。

年 Year　月 Month　日 Day　天气 Weather　心情 Mood

战略就是看十年，做一年。

年 Year	月 Month	日 Day	天气 Weather	心情 Mood

	1	2	3
要事优先 Important Matters 今日最重要三件事			
今日目标 Goals			
方法策略 Methods 除了做事方法 不要忘记人的策略			
时间安排 Timetable			
结果 Result 今日事，今日毕	□完成 □未完成	□完成 □未完成	□完成 □未完成
精进 Progress 每天进步一点点			
感悟 Inspiration			

做决策既要避免少数人决策，又要避免决策效率低下。

年 Year　月 Month　日 Day　天气 Weather　心情 Mood

理解和判断我们到底处在什么样的时代，面临什么样的机会和挑战，是战略决策的第一步。

年 Year	月 Month	日 Day	天气 Weather	心情 Mood

	1	2	3
要事优先 Important Matters 今日最重要三件事			
今日目标 Goals			
方法策略 Methods 除了做事方法 不要忘记人的策略			
时间安排 Timetable			
结果 Result 今日事，今日毕	□完成 □未完成	□完成 □未完成	□完成 □未完成
精进 Progress 每天进步一点点			
感悟 Inspiration			

老板做决策，既要抬头看路，又要低头拉车。

年 Year　月 Month　日 Day　天气 Weather　心情 Mood

决策的难题是老板做决策，但听不见一线的炮火。

年 Year　月 Month　日 Day　天气 Weather　心情 Mood

	1	2	3
要事优先 Important Matters 今日最重要三件事			
今日目标 Goals			
方法策略 Methods 除了做事方法 不要忘记人的策略			
时间安排 Timetable			
结果 Result 今日事，今日毕	□完成 □未完成	□完成 □未完成	□完成 □未完成
精进 Progress 每天进步一点点			
感悟 Inspiration			

糟糕的决策，好过没有决策。

年 Year　月 Month　日 Day　天气 Weather　心情 Mood

级别越高，

越需要具备有效决策的能力。

企业经营发展之路，

快就是慢，

慢就是快。

经验主义害死人，

旧地图找不到新大陆。

企业经营三板斧

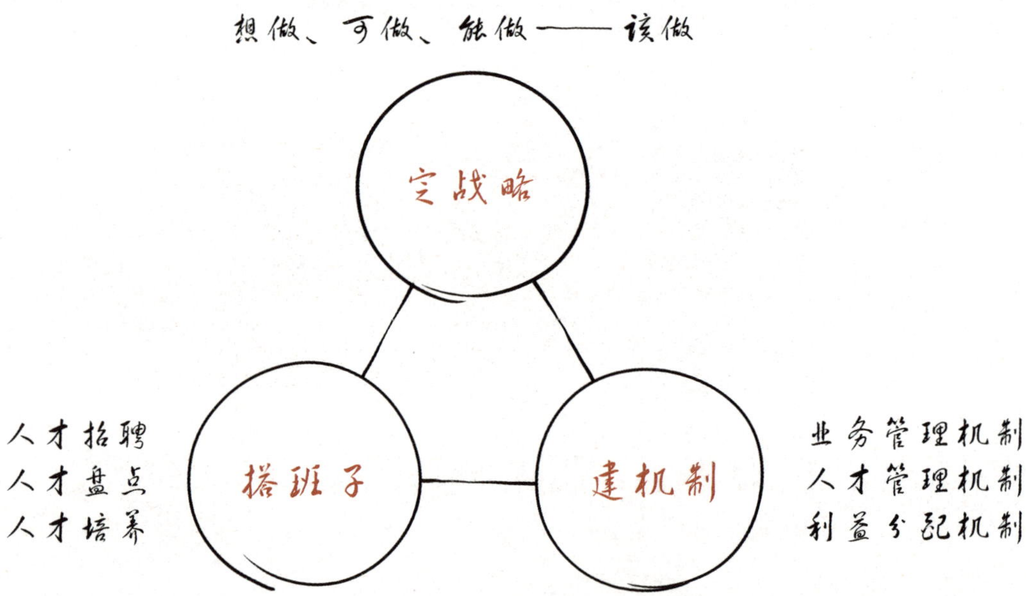

"

公司的成功
不是个人的成功
是文化
和制度
的成功

年 Year	月 Month	日 Day	天气 Weather	心情 Mood

	1	2	3
要事优先 Important Matters 今日最重要三件事			
今日目标 Goals			
方法策略 Methods 除了做事方法 不要忘记人的策略			
时间安排 Timetable			
结果 Result 今日事，今日毕	□完成 □未完成	□完成 □未完成	□完成 □未完成
精进 Progress 每天进步一点点			
感悟 Inspiration			

好的决策，需要在冲突中找到共识。

年	月	日	天气	心情
Year	Month	Day	Weather	Mood

准确界定问题，是决策第一要素。

年 Year　月 Month　日 Day　天气 Weather　心情 Mood

	1	2	3
要事优先 Important Matters 今日最重要三件事			
今日目标 Goals			
方法策略 Methods 除了做事方法 不要忘记人的策略			
时间安排 Timetable			
结果 Result 今日事，今日毕	□完成 □未完成	□完成 □未完成	□完成 □未完成
精进 Progress 每天进步一点点			
感悟 Inspiration			

逻辑不自洽的决策，肯定是无效和不适当的决策。

年 Year　月 Month　日 Day　天气 Weather　心情 Mood

决策前充分讨论，决策后坚定执行。

年 Year　月 Month　日 Day　天气 Weather　心情 Mood

	1	2	3
要事优先 Important Matters 今日最重要三件事			
今日目标 Goals			
方法策略 Methods 除了做事方法 不要忘记人的策略			
时间安排 Timetable			
结果 Result 今日事，今日毕	□完成 □未完成	□完成 □未完成	□完成 □未完成
精进 Progress 每天进步一点点			
感悟 Inspiration			

决策过程，最难的不是决策本身，而是决策落地的执行过程。

年 Year　月 Month　日 Day　天气 Weather　心情 Mood

战略断层，多半是中层管理层没有做好承上启下、上传下达的工作。

年 Year	月 Month	日 Day	天气 Weather	心情 Mood

	1	2	3
要事优先 Important Matters 今日最重要三件事			
今日目标 Goals			
方法策略 Methods 除了做事方法 不要忘记人的策略			
时间安排 Timetable			
结果 Result 今日事，今日毕	□完成 □未完成	□完成 □未完成	□完成 □未完成
精进 Progress 每天进步一点点			
感悟 Inspiration			

好的增长，业务呈指数型增长，人数呈线性增长。

年 Year　月 Month　日 Day　天气 Weather　心情 Mood

年底最重要的三件事：战略共创会、人才盘点会、财务预算会。

组织变革 GTC 模型

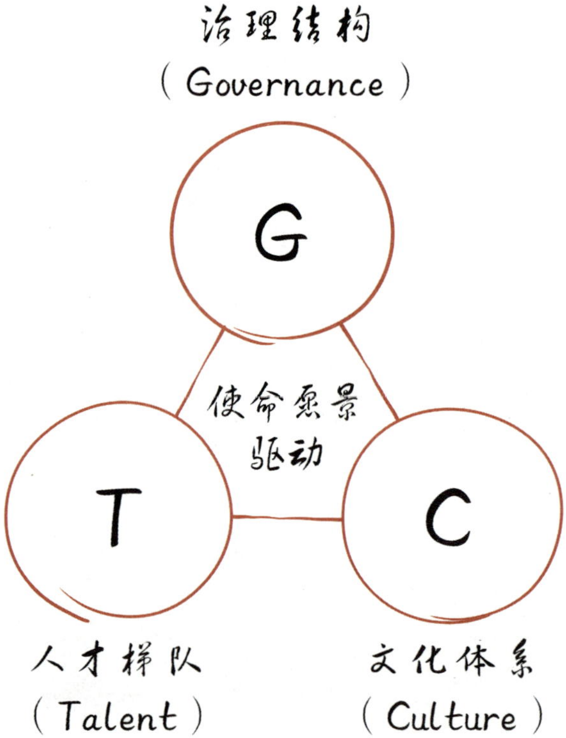

II

组织变革

是一把手工程

年 Year　月 Month　日 Day　天气 Weather　心情 Mood

	1	2	3
要事优先 Important Matters 今日最重要三件事			
今日目标 Goals			
方法策略 Methods 除了做事方法 不要忘记人的策略			
时间安排 Timetable			
结果 Result 今日事，今日毕	□完成 □未完成	□完成 □未完成	□完成 □未完成
精进 Progress 每天进步一点点			
感悟 Inspiration			

公司业绩不好，多半是“腿部力量”不扎实。

年 Year　月 Month　日 Day　天气 Weather　心情 Mood

数字化是企业的生存之战！

年 Year	月 Month	日 Day	天气 Weather	心情 Mood

	1	2	3
要事优先 Important Matters 今日最重要三件事			
今日目标 Goals			
方法策略 Methods 除了做事方法 不要忘记人的策略			
时间安排 Timetable			
结果 Result 今日事，今日毕	□完成 □未完成	□完成 □未完成	□完成 □未完成
精进 Progress 每天进步一点点			
感悟 Inspiration			

商业不变的本质是创造客户价值。

年 Year 月 Month 日 Day 天气 Weather 心情 Mood

当客户需要你的时候，你需要挺身而出。

年 Year　月 Month　日 Day　天气 Weather　心情 Mood

	1	2	3
要事优先 Important Matters 今日最重要三件事			
今日目标 Goals			
方法策略 Methods 除了做事方法 不要忘记人的策略			
时间安排 Timetable			
结果 Result 今日事，今日毕	□完成 □未完成	□完成 □未完成	□完成 □未完成
精进 Progress 每天进步一点点			
感悟 Inspiration			

以假设为前提，以事实为依据。

年 Year 月 Month 日 Day 天气 Weather 心情 Mood

这个时代最稀缺的是拥抱变化的优秀管理者。

年 Year　月 Month　日 Day　天气 Weather　心情 Mood

	1	2	3
要事优先 Important Matters 今日最重要三件事			
今日目标 Goals			
方法策略 Methods 除了做事方法 不要忘记人的策略			
时间安排 Timetable			
结果 Result 今日事，今日毕	□完成 □未完成	□完成 □未完成	□完成 □未完成
精进 Progress 每天进步一点点			
感悟 Inspiration			

鱼和熊掌可以兼得。

年 Year 月 Month 日 Day 天气 Weather 心情 Mood

小企业经营业务，大企业经营组织。

企业内部经营有
三大确定性：

组织创新，

降本增效，

回归经营之本。

企业的成功

=

文化

x

战略

x

组织能力

组织架构设计五要素

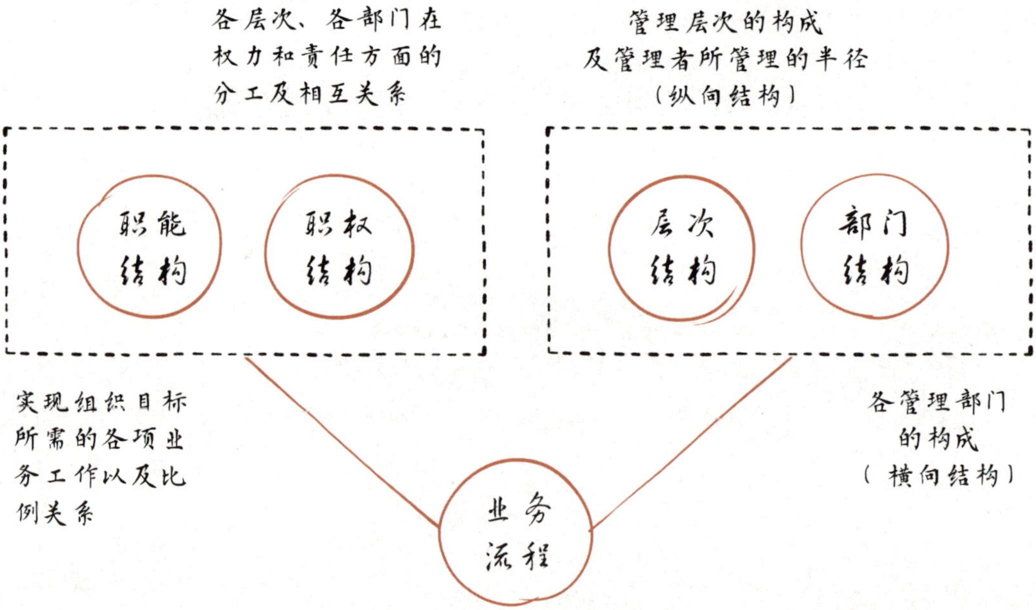

各项关键业务及管理流程在部门、层级之间的流转程序，组织结构中的各个部门需要借助流程进行有机链接，既明确各自的合理分工，又规定跨部门的合作规划，部门设置不合理、部门之间壁垒重重是引发流程问题的重要原因。

Ⅱ

组织架构设计就是

排兵布阵

兵无常势
水无常形

年 Year　月 Month　日 Day　天气 Weather　心情 Mood

	1	2	3
要事优先 Important Matters 今日最重要三件事			
今日目标 Goals			
方法策略 Methods 除了做事方法 不要忘记人的策略			
时间安排 Timetable			
结果 Result 今日事，今日毕	□完成 □未完成	□完成 □未完成	□完成 □未完成
精进 Progress 每天进步一点点			
感悟 Inspiration			

一个好的业绩背后，是所有部门的力出一孔！

年 Year 月 Month 日 Day 天气 Weather 心情 Mood

小公司成败在于你聘请什么人，
大公司成败在于你开掉什么人。

年 Year	月 Month	日 Day	天气 Weather	心情 Mood

	1	2	3
要事优先 Important Matters 今日最重要三件事			
今日目标 Goals			
方法策略 Methods 除了做事方法 不要忘记人的策略			
时间安排 Timetable			
结果 Result 今日事，今日毕	□完成 □未完成	□完成 □未完成	□完成 □未完成
精进 Progress 每天进步一点点			
感悟 Inspiration			

年 月 日 天气 心情
Year Month Day Weather Mood

建立行业标准和游戏规则，是创新的最高标准。

年 Year	月 Month	日 Day	天气 Weather	心情 Mood

	1	2	3
要事优先 Important Matters 今日最重要三件事			
今日目标 Goals			
方法策略 Methods 除了做事方法 不要忘记人的策略			
时间安排 Timetable			
结果 Result 今日事，今日毕	□完成 □未完成	□完成 □未完成	□完成 □未完成
精进 Progress 每天进步一点点			
感悟 Inspiration			

年 Year　月 Month　日 Day　天气 Weather　心情 Mood

组织创新是全球存量市场恶性竞争的制胜点。

年 Year　月 Month　日 Day　天气 Weather　心情 Mood

	1	2	3
要事优先 Important Matters 今日最重要三件事			
今日目标 Goals			
方法策略 Methods 除了做事方法 不要忘记人的策略			
时间安排 Timetable			
结果 Result 今日事，今日毕	□完成 □未完成	□完成 □未完成	□完成 □未完成
精进 Progress 每天进步一点点			
感悟 Inspiration			

组织能力优先于业务能力，领导力优先于组织能力。

年 Year 月 Month 日 Day 天气 Weather 心情 Mood

组织的力量赢天下。

年 Year	月 Month	日 Day	天气 Weather	心情 Mood

	1	2	3
要事优先 Important Matters 今日最重要三件事			
今日目标 Goals			
方法策略 Methods 除了做事方法 不要忘记人的策略			
时间安排 Timetable			
结果 Result 今日事，今日毕	□完成 □未完成	□完成 □未完成	□完成 □未完成
精进 Progress 每天进步一点点			
感悟 Inspiration			

创业就是一帮兄弟、一个故事、一段传奇、一辈子回忆。

年 月 日 天气 心情
Year Month Day Weather Mood

创业者的三件事：经营好你的业务、管理好你的团队、管理好你的现金流。

创新是

高目标

倒逼出来的。

未来美好组织的画像，

是高效协同、

以人为本、

充满活力。

酵母天地图：企业打天下的运营系统

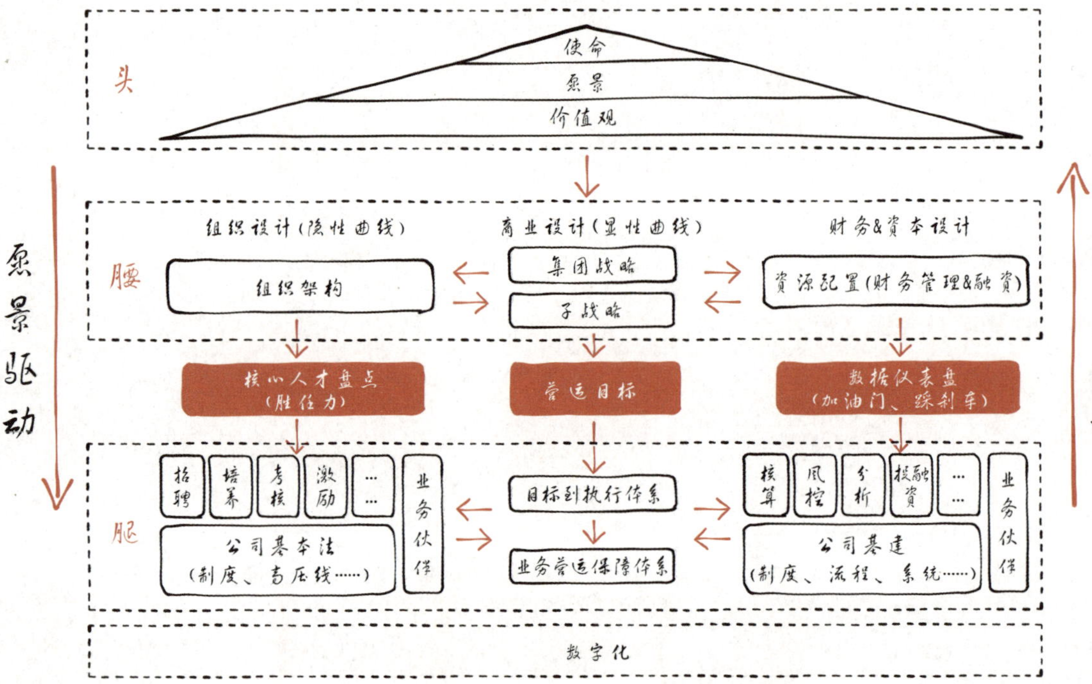

日志内管理工具的讲解视频课可扫码领取

"

企业经营三要素

人、财、务

经营三板斧

定战略

搭班子

建机制

年 Year	月 Month	日 Day	天气 Weather	心情 Mood

	1	2	3
要事优先 Important Matters 今日最重要三件事			
今日目标 Goals			
方法策略 Methods 除了做事方法 不要忘记人的策略			
时间安排 Timetable			
结果 Result 今日事，今日毕	□完成 □未完成	□完成 □未完成	□完成 □未完成
精进 Progress 每天进步一点点			
感悟 Inspiration			

好企业都是冬天里的孩子。

年	月	日	天气	心情
Year	Month	Day	Weather	Mood

经济下行，一批人倒下，一批人飞跃。

年 Year	月 Month	日 Day	天气 Weather	心情 Mood

	1	2	3
要事优先 Important Matters 今日最重要三件事			
今日目标 Goals			
方法策略 Methods 除了做事方法 不要忘记人的策略			
时间安排 Timetable			
结果 Result 今日事，今日毕	□完成 □未完成	□完成 □未完成	□完成 □未完成
精进 Progress 每天进步一点点 感悟 Inspiration			

成为行业龙头的最佳路径，是剩者为王。

年 Year　月 Month　日 Day　天气 Weather　心情 Mood

活下去，赢在组织的力量。

年 Year	月 Month	日 Day	天气 Weather	心情 Mood

	1	2	3
要事优先 Important Matters 今日最重要三件事			
今日目标 Goals			
方法策略 Methods 除了做事方法 不要忘记人的策略			
时间安排 Timetable			
结果 Result 今日事，今日毕	□完成 □未完成	□完成 □未完成	□完成 □未完成
精进 Progress 每天进步一点点			
感悟 Inspiration			

公司建立经营体系，是一个周期，让混沌丛生，然后掌控混沌。

年 Year 月 Month 日 Day 天气 Weather 心情 Mood

流程优化是为了提高效率，而不是限制创新。

年	月	日	天气	心情
Year	Month	Day	Weather	Mood

	1	2	3
要事优先 Important Matters 今日最重要三件事			
今日目标 Goals			
方法策略 Methods 除了做事方法 不要忘记人的策略			
时间安排 Timetable			
结果 Result 今日事，今日毕	□完成 □未完成	□完成 □未完成	□完成 □未完成
精进 Progress 每天进步一点点			
感悟 Inspiration			

财务驱动业务，最重要的是知道什么时候加油门，什么时候踩刹车。

年 Year 月 Month 日 Day 天气 Weather 心情 Mood

总经理要关注超越数字指标和长期价值的事情。

年 Year　月 Month　日 Day　天气 Weather　心情 Mood

	1	2	3
要事优先 Important Matters 今日最重要三件事			
今日目标 Goals			
方法策略 Methods 除了做事方法 不要忘记人的策略			
时间安排 Timetable			
结果 Result 今日事，今日毕	□完成 □未完成	□完成 □未完成	□完成 □未完成
精进 Progress 每天进步一点点			
感悟 Inspiration			

内容即流量，内容即营销。产品与营销唱同一首歌。

年 Year　月 Month　日 Day　天气 Weather　心情 Mood

商业的本质是增长和效率。战略的本质是取舍和排序。

管理的本质是激发和赋能。文化的本质是塑造和传承。

公司的发展
很大程度上取决于
总经理的优秀程度。

优秀和卓越，

差了十万八千里。

"

所有乱象都指向一个新时代，

悲观无用，不如思考蓝图，

闯过布满暗礁的海。

——著名未来学家　阿尔文·托夫勒

磨铁 XIRON 7 Jul.

责任编辑_程 旭

特约监制_魏 玲 潘 良 七 月

产品经理_徐子叶 闫丹丹

营销支持_金 颖

特约编辑_姜成文 吴 鹍

封面设计_ VIOLET

版式设计_飞鱼时光